《企业会计准则第16号 ——政府补助》应用指南 2018

财政部会计司编写组 编著

中国财经出版传媒集团
中国财政经济出版社

图书在版编目（CIP）数据

《企业会计准则第 16 号——政府补助》应用指南.2018/财政部会计司编写组编著.—北京：中国财政经济出版社，2018.5

ISBN 978 – 7 – 5095 – 8261 – 9

Ⅰ.①企… Ⅱ.①财… Ⅲ.①企业 – 会计准则 – 中国 – 指南 Ⅳ.①F279.23 – 62

中国版本图书馆 CIP 数据核字（2018）第 095417 号

责任编辑：宋学军　　　　　　　　责任校对：李　丽
封面设计：王　颖

中国财政经济出版社 出版

URL：http://www.cfeac.com

E – mail：cfeac@cfemg.cn

（版权所有　翻印必究）

社址：北京市海淀区阜成路甲 28 号　邮政编码：100142

营销中心电话：010 – 88191522

天猫网店：中国财政经济出版社旗舰店

http://zgczjjcbs.tmall.com

北京富生印刷厂印刷　各地新华书店经销

787×1092 毫米　16 开　3 印张　32 000 字

2018 年 7 月第 1 版　2018 年 7 月北京第 3 次印刷

定价：11.00 元

ISBN 978 – 7 – 5095 – 8261 – 9

（图书出现印装问题，本社负责调换）

本社质量投诉电话：010 – 88190744

打击盗版举报热线：010 – 88191661、QQ：2242791300

目 录

一、**总体要求** / 1

二、**关于政府补助的定义和特征** / 2
   (一) 政府补助的定义 / 2
   (二) 政府补助的特征 / 2

三、**关于适用范围** / 5

四、**关于政府补助的分类** / 7

五、**关于政府补助的确认与计量** / 8
   (一) 与资产相关的政府补助 / 9
   (二) 与收益相关的政府补助 / 12
   (三) 政府补助退回的会计处理 / 15

六、**关于特定业务的会计处理** / 18
   (一) 综合性项目政府补助的会计处理 / 18
   (二) 政策性优惠贷款贴息的会计处理 / 19

七、**关于政府补助的列报** / 24
   (一) 政府补助在利润表上的列示 / 24
   (二) 政府补助在财务报表附注中的披露 / 24

八、关于新旧准则的衔接规定 / 25

附录一　企业会计准则第 16 号——政府补助 / 27

附录二　《企业会计准则第 16 号——政府补助》
　　　　修订说明 / 32

一、总体要求

《企业会计准则第 16 号——政府补助》（以下简称本准则）规范了政府补助的确认、计量、列示和相关信息的披露。企业应当根据政府补助的定义和特征对来源于政府的经济资源进行判断，并按照本准则的要求对政府补助进行相应的会计处理和列报。

政府向企业提供经济支持，以鼓励或扶持特定行业、地区或领域的发展，是政府进行宏观调控的重要手段，也是国际上通行的做法。对企业而言，并不是所有来源于政府的经济资源都属于本准则规范的政府补助，除政府补助外，还可能是政府对企业的资本性投入或者政府购买服务所支付的对价。本准则要求企业首先根据交易或者事项的实质对来源于政府的经济资源所归属的类型作出判断，对于符合政府补助的定义和特征的，再按照本准则的要求进行确认、计量、列示与披露。

企业选择总额法对与日常活动相关的政府补助进行会计处理的，应增设"6117 其他收益"科目进行核算。"其他收益"科目核算总额法下与日常活动相关的政府补助以及其他与日常活动相关且应直接计入本科目的项目，计入本科目的政府补助可以按照类型进行明细核算。对于总额法下与日常活动相关的政府补助，企业在实际收到或应收时，或者将先确认为"递延收益"的政府补助分摊计入收益时，借记"银行存款"、"其他应收款"、"递延收益"等科目，贷记"其他收益"科目。期末，应将本科目余额转入"本年利润"科目，本科目结转后应无余额。

二、关于政府补助的定义和特征

（一）政府补助的定义

本准则规定，政府补助是指企业从政府无偿取得货币性资产或非货币性资产。政府补助主要形式包括政府对企业的无偿拨款、税收返还、财政贴息，以及无偿给予非货币性资产等。通常情况下，直接减征、免征、增加计税抵扣额、抵免部分税额等不涉及资产直接转移的经济资源，不适用政府补助准则。

需要说明的是，增值税出口退税不属于政府补助。根据税法规定，在对出口货物取得的收入免征增值税的同时，退付出口货物前道环节发生的进项税额，增值税出口退税实际上是政府退回企业事先垫付的进项税，不属于政府补助。

（二）政府补助的特征

根据本准则的规定，政府补助具有下列特征：

1. 政府补助是来源于政府的经济资源。这里的政府主要是指行政事业单位及类似机构。对于企业收到的来源于其他方的补助，有确凿证据表明政府是补助的实际拨付者，其他方只起到代收代付作用的，该项补助也属于来源于政府的经济资源。例如，某集团公司母公司收到一笔政府补助款，有确凿证据表明该补助款实际的补助对象为该母公司下属子公司，母公司只是起到代收代付作用，在这种情况下，该补助款属于对子公司的政府补助。

2. 政府补助是无偿的。即企业取得来源于政府的经济资源，不需要向政府交付商品或服务等对价。无偿性是政府补助的基本特征，这一特征将政府补助与政府以投资者身份向企业投入资本、政府购买服务等政府与企业之间的互惠性交易区别开来。需要说明的是，政府补助通常附有一定条件，这与政府补助的无偿性并不矛盾，只是政府为了推行其宏观经济政策，对企业使用政府补助的时间、使用范围和方向进行了限制。

【例1】2×17年2月，甲企业与所在城市的开发区人民政府签订了项目合作投资协议，实施"退城进园"技改搬迁。根据协议，甲企业在开发区内投资约4亿元建设电子信息设备生产基地。生产基地占地面积400亩，该宗项目用地按开发区工业用地基准地价挂牌出让，甲企业摘牌并按挂牌出让价格缴纳土地出让金4 800万元。甲企业自开工之日起须在18个月内完成搬迁工作，从原址搬迁至开发区，同时将甲企业位于城区繁华地段的原址用地（200亩，按照所在地段工业用地基准地价评估为1亿元）移交给开发区政府收储，开发区政府将向甲企业支付补偿资金1亿元。

本例中，为实施"退城进园"技改搬迁，甲企业将其位于城区繁华地段的原址用地移交给开发区政府收储，开发区政府为此向甲企业支付补偿资金1亿元。由于开发区政府对甲企业的搬迁补偿是基于甲企业原址用地的公允价值确定的，实质是政府按照相应资产的市场价格向企业购买资产，企业从政府取得的经济资源是企业让渡其资产的对价，双方的交易是互惠性交易，不符合政府补助无偿性的特点。因此，甲企业收到的1亿元搬迁补偿资金不作为政府补助处理，而应作为处置非流动资产的收入。

【例2】乙企业是一家生产和销售重型机械的企业。为推动科技创新，乙企业所在地政府于2×17年8月向乙企业拨付了3 000万元资金，要求乙企业将这笔资金用于技术改造项目研究，研究成果归乙企业享有。

本例中，乙企业的日常经营活动是生产和销售重型机械，其从政府取得了 3 000 万元资金用于研发支出，且研究成果归乙企业享有。因此，这项财政拨款具有无偿性的特征，乙企业收到的 3 000 万元资金应当按照政府补助准则的规定进行会计处理。

三、关于适用范围

企业对于符合本准则政府补助定义和特征的政府补助,应当按照本准则的要求进行会计处理。以下各项不纳入本准则的范围,适用其他相关会计准则:

1. 企业从政府取得的经济资源,如果与企业销售商品或提供服务等活动密切相关,且是企业商品或服务的对价或者是对价的组成部分,应当适用《企业会计准则第14号——收入》等相关会计准则。

2. 所得税减免,适用《企业会计准则第18号——所得税》。

政府以投资者身份向企业投入资本,享有相应的所有者权益,政府与企业之间是投资者与被投资者的关系,属于互惠性交易,不适用本准则。

【例3】丙企业是一家生产和销售高效照明产品的企业。国家为了支持高效照明产品的推广使用,通过统一招标的形式确定中标企业、高效照明产品及中标协议供货价格。丙企业作为中标企业,需以中标协议供货价格减去财政补贴资金后的价格将高效照明产品销售给终端用户,并按照高效照明产品实际安装数量、中标供货协议价格、补贴标准,申请财政补贴资金。2×17年度,丙企业因销售高效照明产品获得财政资金5 000万元。

本例中,丙企业虽然取得财政补贴资金,但最终受益人是从丙企业购买高效照明产品的大宗用户和城乡居民,相当于政府以中标协议供货价格从丙企业购买了高效照明产品,再以中标协议供货价格减去财政补贴资金后的价格将产品销售给终端用户。实际操作时,政府并没有直接从事高效照明产品的购销,但以补贴资金的形式通过丙企业的销售行为实现了政府推广使用高效照明产品的目标。对丙企业而言，销售高效照明产品是其日常经营活动，丙企业仍按照中标协议供货价格销售了产品，其销售收入由两部分构成，一是终端用户支付的购买价款，二是财政补贴资金，财政补贴资金是丙企业产品销售对价的组成部分。因此，丙企业收到的补贴资金5 000万元应当按照《企业会计准则第14号——收入》的规定进行会计处理。

四、关于政府补助的分类

确定了来源于政府的经济资源属于政府补助后，企业还应当对其进行恰当的分类。根据本准则规定，政府补助应当划分为与资产相关的政府补助和与收益相关的政府补助。这两类政府补助给企业带来经济利益或者弥补相关成本或费用的形式不同，从而在具体会计处理上存在差别。

与资产相关的政府补助，是指企业取得的、用于购建或以其他方式形成长期资产的政府补助。通常情况下，相关补助文件会要求企业将补助资金用于取得长期资产。长期资产将在较长的期间内给企业带来经济利益，因此相应的政府补助的受益期也较长。

与收益相关的政府补助，是指除与资产相关的政府补助之外的政府补助。此类补助主要是用于补偿企业已发生或即将发生的相关成本费用或损失，受益期相对较短，通常在满足补助所附条件时计入当期损益或冲减相关成本。

五、关于政府补助的确认与计量

关于政府补助的确认条件,本准则规定,政府补助同时满足下列条件的,才能予以确认:一是企业能够满足政府补助所附条件;二是企业能够收到政府补助。

关于政府补助的计量属性,本准则规定,政府补助为货币性资产的,应当按照收到或应收的金额计量。如果企业已经实际收到补助资金,应当按照实际收到的金额计量;如果资产负债表日企业尚未收到补助资金,但企业在符合了相关政策规定后就相应获得了收款权,且与之相关的经济利益很可能流入企业,企业应当在这项补助成为应收款时按照应收的金额计量。政府补助为非货币性资产的,应当按照公允价值计量;公允价值不能可靠取得的,按照名义金额计量。

政府补助有两种会计处理方法:总额法和净额法。总额法是在确认政府补助时,将其全额一次或分次确认为收益,而不是作为相关资产账面价值或者成本费用等的扣减。净额法是将政府补助确认为对相关资产账面价值或者所补偿成本费用等的扣减。需要说明的是,根据《企业会计准则——基本准则》的要求,同一企业不同时期发生的相同或者相似的交易或者事项,应当采用一致的会计政策,不得随意变更;确需变更的,应当在附注中说明。企业应当根据经济业务的实质,判断某一类政府补助业务应当采用总额法还是净额法进行会计处理,通常情况下,对同类或类似政府补助业务只能选用一种方法,同时,企业对该业务应当一贯地运用该方法,不得随意变更。企业对某些补助只能采用一种方法,例如,对一般纳税人增值税即征即退只能采用总额法进行会计处理。

本准则规定,与企业日常活动相关的政府补助,应当按照经济业务实质,计入其他收益或冲减相关成本费用。与企业日常活动无关的政府补助,计入营业外收入或冲减相关损失。通常情况下,若政府补助补偿的成本费用是营业利润之中的项目,或该补助与日常销售等经营行为密切相关(如增值税即征即退等),则认为该政府补助与日常活动相关。

(一)与资产相关的政府补助

实务中,企业通常先收到补助资金,再按照政府要求将补助资金用于购建固定资产或无形资产等长期资产。企业在取得与资产相关的政府补助时,应当选择采用总额法或净额法进行会计处理。

总额法下,企业在取得与资产相关的政府补助时应当按照补助资金的金额借记"银行存款"等科目,贷记"递延收益"科目;然后在相关资产使用寿命内按合理、系统的方法分期计入损益。如果企业先取得与资产相关的政府补助,再确认所购建的长期资产,总额法下应当在开始对相关资产计提折旧或进行摊销时按照合理、系统的方法将递延收益分期计入当期收益;如果相关长期资产投入使用后企业再取得与资产相关的政府补助,总额法下应当在相关资产的剩余使用寿命内按照合理、系统的方法将递延收益分期计入当期收益。需要说明的是,采用总额法的,如果对应的长期资产在持有期间发生减值损失,递延收益的摊销仍保持不变,不受减值因素的影响。企业对与资产相关的政府补助选择总额法的,应当将递延收益分期转入其他收益或营业外收入,借记"递延收益"科目,贷记"其他收益"或"营业外收入"科目。相关资产在使用寿命结束时或结束前被处置(出售、报废、转让、发生毁损等),尚未分配的相关递延收益余额应当转入资产处置当期的损益,不再予以递延。对相关资产划分为持有待售类别的,先将尚未分配的递延收益余额冲减相关资产的账面价值,再按照《企业会计准则第42号——持有待售的非流动资产、处置组和终止经营》的要求进行会计处理。

净额法下，企业在取得政府补助时应当按照补助资金的金额冲减相关资产的账面价值。如果企业先取得与资产相关的政府补助，再确认所购建的长期资产，净额法下应当将取得的政府补助先确认为递延收益，在相关资产达到预定可使用状态或预定用途时将递延收益冲减资产账面价值；如果相关长期资产投入使用后企业再取得与资产相关的政府补助，净额法下应当在取得补助时冲减相关资产的账面价值，并按照冲减后的账面价值和相关资产的剩余使用寿命计提折旧或进行摊销。

实务中存在政府无偿给予企业长期非货币性资产的情况，如无偿给予土地使用权、天然起源的天然林等。企业取得的政府补助为非货币性资产的，应当按照公允价值计量；公允价值不能可靠取得的，按照名义金额（1元）计量。企业在收到非货币性资产的政府补助时，应当借记有关资产科目，贷记"递延收益"科目；然后在相关资产使用寿命内按合理、系统的方法分期计入损益，借记"递延收益"科目，贷记"其他收益"或"营业外收入"科目。但是，对以名义金额计量的政府补助，在取得时计入当期损益。

【例4】按照国家有关政策，企业购置环保设备可以申请补贴以补偿其环保支出。丁企业于2×18年1月向政府有关部门提交了210万元的补助申请，作为对其购置环保设备的补贴。2×18年3月15日，丁企业收到了政府补贴款210万元。2×18年4月20日，丁企业购入不需安装的环保设备一台，实际成本为480万元，使用寿命10年，采用直线法计提折旧（不考虑净残值）。2×26年4月，丁企业的这台设备发生毁损而报废。本例中不考虑相关税费等其他因素。

丁企业的账务处理如下：

方法一：丁企业选择总额法对此类补助进行会计处理

（1）2×18年3月15日实际收到财政拨款，确认递延收益：

借：银行存款 2 100 000
  贷：递延收益 2 100 000

(2) 2×18 年 4 月 20 日购入设备：

借：固定资产 4 800 000
  贷：银行存款 4 800 000

(3) 自 2×18 年 5 月起每个资产负债表日（月末）计提折旧，同时分摊递延收益：

① 计提折旧（假设该设备用于污染物排放测试，折旧费用计入制造费用）：

借：制造费用 40 000
  贷：累计折旧 40 000

② 分摊递延收益：

借：递延收益 17 500
  贷：其他收益 17 500

(4) 2×26 年 4 月设备毁损，同时转销递延收益余额：

借：固定资产清理 960 000
  累计折旧 3 840 000
  贷：固定资产 4 800 000

借：递延收益 420 000
  贷：固定资产清理 420 000

借：营业外支出 540 000
  贷：固定资产清理 540 000

方法二：丁企业选择净额法对此类补助进行会计处理

(1) 2×18 年 3 月 15 日实际收到财政拨款，确认递延收益：

借：银行存款 2 100 000
  贷：递延收益 2 100 000

(2) 2×18 年 4 月 20 日购入设备：

借：固定资产 4 800 000
　　贷：银行存款 4 800 000
借：递延收益 2 100 000
　　贷：固定资产 2 100 000

(3) 自2×18年5月起每个资产负债表日（月末）计提折旧：

借：制造费用 22 500
　　贷：累计折旧 22 500

(4) 2×26年4月设备毁损：

借：固定资产清理 540 000
　　累计折旧 2 160 000
　　贷：固定资产 2 700 000
借：营业外支出 540 000
　　贷：固定资产清理 540 000

（二）与收益相关的政府补助

本准则规定，与收益相关的政府补助，应当分情况按照以下规定进行会计处理：用于补偿企业以后期间的相关成本费用或损失的，确认为递延收益，并在确认相关成本费用或损失的期间，计入当期损益或冲减相关成本；用于补偿企业已发生的相关成本费用或损失的，直接计入当期损益或冲减相关成本。对与收益相关的政府补助，企业同样可以选择采用总额法或净额法进行会计处理：选择总额法的，应当计入其他收益或营业外收入；选择净额法的，应当冲减相关成本费用或营业外支出。

1. 与收益相关的政府补助如果用于补偿企业以后期间的相关成本费用或损失，企业在取得时应当先判断企业能否满足政府补助所附条件。根据本准则规定，只有满足政府补助确认条件的才能予以确认，而客观情况通常表明企业能够满足政府补助所附条件，企业应当将其确认为递延收益,并在确认相关成本费用或损失的期间,计入当期损益或冲减相关成本。

【例5】 甲企业于2×17年3月15日与其所在地地方政府签订合作协议,根据协议约定,当地政府将向甲企业提供1 000万元奖励资金,用于企业的人才激励和人才引进奖励,甲企业必须按年向当地政府报送详细的资金使用计划并按规定用途使用资金。协议同时还约定,甲企业自获得奖励起10年内注册地址不得迁离本地区,否则政府有权追回奖励资金。甲企业于2×17年4月10日收到1 000万元补助资金,分别在2×17年12月、2×18年12月、2×19年12月使用了400万元、300万元和300万元,用于发放给总裁级高管年度奖金。本例中不考虑相关税费等其他因素。

本例中,甲企业应当在取得政府补助时先判断是否满足政府补助的确认条件。如果客观情况表明甲企业在未来10年内离开该地区的可能性很小,比如通过成本效益分析认为甲企业迁离该地区的成本远高于收益,则甲企业在收到补助资金时应当计入"递延收益"科目,实际按规定用途使用补助资金时,再计入当期损益。

假设甲企业选择净额法对此类补助进行会计处理,其账务处理如下:

(1) 2×17年4月10日甲企业实际收到补助资金:

借:银行存款　　　　　　　　　　　10 000 000
　　贷:递延收益　　　　　　　　　　　　10 000 000

(2) 2×17年12月、2×18年12月、2×19年12月甲企业将补助资金用于发放高管奖金时相应结转递延收益:

① 2×17年12月:

借:递延收益　　　　　　　　　　　4 000 000
　　贷:管理费用　　　　　　　　　　　　4 000 000

② 2×18年12月:

借：递延收益	3 000 000
贷：管理费用	3 000 000

③2×19年12月：

借：递延收益	3 000 000
贷：管理费用	3 000 000

如果本例中甲企业选择按总额法对此类政府补助进行会计处理，则应当在确认相关管理费用的期间，借记"递延收益"科目，贷记"其他收益"科目。

如果甲企业在取得补助资金时暂时无法确定能否满足政府补助所附条件（即在未来10年内注册地址不得迁离本地区），则应当将收到的补助资金先计入"其他应付款"科目，待客观情况表明其能够满足政府补助所附条件后再转入"递延收益"科目。

2. 用于补偿企业已发生的相关成本费用或损失的，直接计入当期损益或冲减相关成本。这类补助通常与企业已经发生的行为有关，是对企业已发生的成本费用或损失的补偿，或是对企业过去行为的奖励。

【例6】乙企业销售其自主开发的软件。按照国家有关规定，该企业的这种产品适用增值税即征即退政策，按16%的税率征收增值税后，对其增值税实际税负超过3%的部分，实行即征即退。乙企业2×18年8月在进行纳税申报时，对归属于7月的增值税即征即退提交退税申请，经主管税务机关审核后的退税额为10万元。

本例中，软件企业即征即退增值税与企业日常销售密切相关，属于与企业的日常活动相关的政府补助。乙企业2×18年8月申请退税并确定了增值税退税额，账务处理如下：

借：其他应收款	100 000
贷：其他收益	100 000

【例7】丙企业2×17年11月遭受重大自然灾害，并于2×17年

12月20日收到了政府补助资金200万元用于弥补其遭受自然灾害的损失。

2×17年12月20日，丙企业实际收到补助资金并对此类补助选择按总额法进行会计处理，其账务处理如下：

借：银行存款　　　　　　　　　　　　2 000 000
　　贷：营业外收入　　　　　　　　　　　　2 000 000

【例8】丁企业是集芳烃技术研发、生产于一体的高新技术企业。芳烃的原料是石脑油。石脑油按成品油项目在生产环节征消费税。根据国家有关规定，对使用燃料油、石脑油生产乙烯芳烃的企业购进并用于生产乙烯、芳烃类化工产品的石脑油、燃料油，按实际耗用数量退还所含消费税。假设丁企业石脑油单价为5 333元/吨（其中，消费税2 105元/吨）。2×17年7月，丁企业将115吨石脑油投入生产，石脑油转换率为1.15∶1（即1.15吨石脑油可生产1吨乙烯芳烃），共生产乙烯芳烃100吨。丁企业根据当期产量及所购原料供应商的消费税证明，向税务机关申请退还相应的消费税。

本例中，丁企业当期应退消费税为100×1.15×2 105＝242 075（元）。丁企业在期末结转存货成本和主营业务成本之前，对该政府补助的账务处理如下：

借：其他应收款　　　　　　　　　　　　242 075
　　贷：生产成本　　　　　　　　　　　　　242 075

（三）政府补助退回的会计处理

本准则规定，已确认的政府补助需要退回的，应当在需要退回的当期分情况按照以下规定进行会计处理：（1）初始确认时冲减相关资产账面价值的，调整资产账面价值；（2）存在相关递延收益的，冲减相关递延收益账面余额，超出部分计入当期损益；（3）属于其他情况的，直接计入当期损益。

此外，对于属于前期差错的政府补助退回，应当按照《企业会计准则第28号——会计政策、会计估计变更和差错更正》作为前期差错更正进行追溯调整。

【例9】承〖例4〗，假设2×19年5月，因客观环境改变丁企业不再符合申请补助的条件，有关部门要求丁企业全额退回补助款。丁企业于当月退回了补助款210万元。丁企业的账务处理如下：

方法一：丁企业选择总额法对此类补助进行会计处理

丁企业应当结转尚未分配的递延收益，并将超出部分计入当期损益。因为本例中该项补助与日常活动相关，所以这部分退回的补助冲减应退回当期的其他收益。

2×19年5月丁企业退回补助款时：

借：递延收益　　　　　　　　　　　1 890 000
　　其他收益　　　　　　　　　　　　210 000
　　贷：银行存款　　　　　　　　　　　　2 100 000

方法二：丁企业选择净额法对此类补助进行会计处理

丁企业计算应补提的折旧，将这部分费用计入当期损益，相应调整固定资产的账面价值。

2×19年5月丁企业退回补助款时：

借：固定资产　　　　　　　　　　　2 100 000
　　其他收益　　　　　　　　　　　　210 000
　　贷：银行存款　　　　　　　　　　　　2 100 000
　　　　累计折旧　　　　　　　　　　　　210 000

【例10】甲企业于2×17年11月与某开发区政府签订合作协议，在开发区内投资设立生产基地。协议约定，开发区政府自协议签订之日起6个月内向甲企业提供300万元产业补贴资金，用于奖励该企业在开发区内投资并开展经营活动，甲企业自获得补贴起5年内注册地址不得迁离本区。如果甲企业在此期限内提前迁离开发区，开发区政府允许甲企业按照实际留在本区的时间保留部分补贴，并按剩余时间追回补贴资金。甲企业于2×18年1月3日收到补贴资金。

假设甲企业在实际收到补助资金时，客观情况表明甲企业在未来5年内迁离开发区的可能性很小，甲企业在收到补助资金时应当计入"递延收益"科目。由于协议约定如果甲企业提前迁离开发区，开发区政府有权按扣除实际留在本区时间后的剩余时间追回部分补助，说明企业每留在开发区内一年，就有权取得与这一年相关的补助，与这一年补助有关的不确定性基本消除，补贴收益得以实现，所以甲企业应当将该补助在5年内平均摊销结转计入损益。本例中，开发区政府对甲企业的补助是对该企业在开发区内投资并开展经营活动的奖励，并不指定用于补偿特定的成本费用。甲企业的账务处理如下：

(1) 2×18年1月3日，甲企业实际收到补助资金：

借：银行存款　　　　　　　　　　　　　3 000 000
　　贷：递延收益　　　　　　　　　　　　　3 000 000

(2) 2×18年~2×22年每年12月31日，甲企业分期将递延收益结转入当期损益：

借：递延收益　　　　　　　　　　　　　600 000
　　贷：其他收益　　　　　　　　　　　　　600 000

假设2×20年1月，甲企业因重大战略调整迁离开发区，开发区政府根据协议要求甲企业退回补助180万元：

借：递延收益　　　　　　　　　　　　　1 800 000
　　贷：其他应付款　　　　　　　　　　　　1 800 000

六、关于特定业务的会计处理

(一) 综合性项目政府补助的会计处理

对于同时包含与资产相关部分和与收益相关部分的政府补助，企业应当将其进行分解，区分不同部分分别进行会计处理；难以区分的，企业应当将其整体归类为与收益相关的政府补助进行会计处理。

【例11】2×17年6月15日，某市科技创新委员会与乙企业签订了科技计划项目合同书，拟对乙企业的新药临床研究项目提供研究补助资金。该项目总预算为600万元，其中，市科技创新委员会资助200万元，乙企业自筹400万元。市科技创新委员会资助的200万元用于补助设备费60万元，材料费15万元，测试化验加工费95万元，差旅费10万元，会议费5万元，专家咨询费8万元，管理费用7万元，假设除设备费外的其他各项费用都属于研究支出。市科技创新委员会应当在合同签订之日起30日内将资金拨付给乙企业。根据双方约定，乙企业应当按合同规定的开支范围，对市科技创新委员会资助的经费实行专款专用。项目实施期限为自合同签订之日起30个月，期满后乙企业如未通过验收，在该项目实施期满后3年内不得再向市政府申请科技补贴资金。乙企业于2×17年7月10日收到补助资金，在项目期内按照合同约定的用途使用了补助资金。乙企业于2×17年7月25日按项目合同书的约定购置了相关设备，设备成本150万元，其中使用补助资金60万元，该设备使用年限为10年，采用直线法计提折旧（不考虑净残值）。假设本例中不考虑相关税费等其他因素。

本例中，乙企业收到的政府补助是综合性项目政府补助，需要区分与资产相关的政府补助和与收益相关的政府补助并分别进行处理。假设乙企业对收到的与资产相关的政府补助选择净额法进行会计处理。乙企业的账务处理如下：

(1) 2×17年7月10日乙企业实际收到补贴资金：

借：银行存款　　　　　　　　　　　　2 000 000
　　贷：递延收益　　　　　　　　　　　　2 000 000

(2) 2×17年7月25日购入设备：

借：固定资产　　　　　　　　　　　　1 500 000
　　贷：银行存款　　　　　　　　　　　　1 500 000
借：递延收益　　　　　　　　　　　　　 600 000
　　贷：固定资产　　　　　　　　　　　　　600 000

(3) 自2×17年8月起每个资产负债表日（月末）计提折旧，折旧费用计入研发支出：

借：研发支出　　　　　　　　　　　　　　7 500
　　贷：累计折旧　　　　　　　　　　　　　 7 500

(4) 对其他与收益相关的政府补助，乙企业应当按照相关经济业务的实质确定是计入其他收益还是冲减相关成本费用，在企业按规定用途实际使用补助资金时计入损益，或者在实际使用的当期期末根据当期累计使用的金额计入损益，借记"递延收益"科目，贷记有关损益科目。

（二）政策性优惠贷款贴息的会计处理

政策性优惠贷款贴息是政府为支持特定领域或区域发展，根据国家宏观经济形势和政策目标，对承贷企业的银行借款利息给予的补贴。企业取得政策性优惠贷款贴息的，应当区分财政将贴息资金拨付给贷款银行和财政将贴息资金直接拨付给企业两种情况，分别进行会计处理。

1. **财政将贴息资金拨付给贷款银行**

在财政将贴息资金拨付给贷款银行的情况下，由贷款银行以政策性优惠利率向企业提供贷款。这种方式下，受益企业按照优惠利率向贷款银行支付利息，并没有直接从政府取得利息补助，企业可以选择下列方法之一进行会计处理：一是以实际收到的借款金额作为借款的入账价值，按照借款本金和该政策性优惠利率计算相关借款费用。通常情况下，实际收到的金额即为借款本金。二是以借款的公允价值作为借款的入账价值并按照实际利率法计算借款费用，实际收到的金额与借款公允价值之间的差额确认为递延收益。递延收益在借款存续期内采用实际利率法摊销，冲减相关借款费用。企业选择了上述两种方法之一后，应当一致地运用，不得随意变更。

在这种情况下，向企业发放贷款的银行并不是受益主体，其仍然按照市场利率收取利息，只是一部分利息来自企业，另一部分利息来自财政贴息。所以贷款银行发挥的是中介作用，并不需要确认与贷款相关的递延收益。

【例12】2×17年1月1日，丙企业向银行贷款100万元，期限2年，按月计息，按季度付息，到期一次还本。这笔贷款资金将被用于国家扶持产业，符合财政贴息的条件，所以贷款利率显著低于丙企业取得同类贷款的市场利率。假设丙企业取得同类贷款的年市场利率为9%，丙企业与银行签订的贷款合同约定的年利率为3%，丙企业按季度向银行支付贷款利息，财政按年向银行拨付贴息资金。贴息后丙企业实际支付的年利息率为3%，贷款期间的利息费用满足资本化条件，计入相关在建工程的成本。

表1　　　相关借款费用的计算和递延收益的摊销　　　　　　　单位：元

月度	按市场利率应支付银行的利息①	财政贴息②	实际现金流③	实际现金流折现④	长期借款各期实际利息⑤	递延收益摊销金额⑥	长期借款的期末账面价值⑦
0							890 554
1	7 500	5 000	2 500	2 481	6 679	4 179	894 733

六、关于特定业务的会计处理

续表

月度	按市场利率应支付银行的利息①	财政贴息②	实际现金流③	实际现金流折现④	长期借款各期实际利息⑤	递延收益摊销金额⑥	长期借款的期末账面价值⑦
2	7 500	5 000	2 500	2 463	6 711	4 211	898 944
3	7 500	5 000	2 500	2 445	6 742	4 242	903 186
4	7 500	5 000	2 500	2 426	6 774	4 274	907 460
5	7 500	5 000	2 500	2 408	6 806	4 306	911 766
6	7 500	5 000	2 500	2 390	6 838	4 338	916 104
7	7 500	5 000	2 500	2 373	6 871	4 371	920 475
8	7 500	5 000	2 500	2 355	6 904	4 404	924 878
9	7 500	5 000	2 500	2 337	6 937	4 437	929 315
10	7 500	5 000	2 500	2 320	6 970	4 470	933 785
11	7 500	5 000	2 500	2 303	7 003	4 503	938 288
12	7 500	5 000	2 500	2 286	7 037	4 537	942 825
13	7 500	5 000	2 500	2 269	7 071	4 571	947 397
14	7 500	5 000	2 500	2 252	7 105	4 605	952 002
15	7 500	5 000	2 500	2 235	7 140	4 640	956 642
16	7 500	5 000	2 500	2 218	7 175	4 675	961 317
17	7 500	5 000	2 500	2 202	7 210	4 710	966 027
18	7 500	5 000	2 500	2 185	7 245	4 745	970 772
19	7 500	5 000	2 500	2 169	7 281	4 781	975 553
20	7 500	5 000	2 500	2 153	7 317	4 817	980 369
21	7 500	5 000	2 500	2 137	7 353	4 853	985 222
22	7 500	5 000	2 500	2 121	7 389	4 889	990 111
23	7 500	5 000	2 500	2 105	7 426	4 926	995 037
24	7 500	5 000	1 002 500	837 921	7 463	4 963	1 000 000
合计	180 000	120 000	1 060 000	890 554	169 447	109 446	

注:(1) 实际现金流折现④为各月实际现金流③2 500 元按照月市场利率 0.75%(=9%÷12)折现的金额。例如,第一个月实际现金流折现 = 2 500÷(1+0.75%) = 2 481(元),第二个月实际现金流折现 = 2 500÷$(1+0.75\%)^2$ = 2 463(元)。

(2) 长期借款各期实际利息⑤为各月长期借款账面价值⑦与月市场利率 0.75%的乘积。例如,第一个月长期借款实际利息 = 本月初长期借款账面价值 890 554×0.75% = 6 679(元),第二个月长期借款实际利息 = 本月初长期借款账面价值 894 733×0.75% = 6 711(元)。

(3) 摊销金额⑥是长期借款各期实际利息⑤扣减每月实际支付的利息③2 500 元后的金额。例如,第一个月摊销金额 = 当月长期借款实际利息 6 679 − 当月实际支付的利息 2 500 = 4 179(元),第二个月摊销金额 = 当月长期借款实际利息 6 711 − 当月实际支付的利息 2 500 = 4 211(元)。

丙企业按方法一的账务处理如下：

(1) 2×17年1月1日，丙企业取得银行贷款100万元：

借：银行存款　　　　　　　　　　　　　1 000 000

　　贷：长期借款——本金　　　　　　　　　　1 000 000

(2) 2×17年1月31日起每月月末，丙企业按月计提利息，企业实际承担的利息支出为1 000 000×3%÷12＝2 500（元）：

借：在建工程　　　　　　　　　　　　　　2 500

　　贷：应付利息　　　　　　　　　　　　　　2 500

丙企业按方法二的账务处理如下：

(1) 2×17年1月1日，丙企业取得银行贷款100万元：

借：银行存款　　　　　　　　　　　　　1 000 000

　　长期借款——利息调整　　　　　　　　　109 446

　　贷：长期借款——本金　　　　　　　　　　1 000 000

　　　　递延收益　　　　　　　　　　　　　　109 446

(2) 2×17年1月31日，丙企业按月计提利息：

借：在建工程　　　　　　　　　　　　　　6 679

　　贷：应付利息　　　　　　　　　　　　　　2 500

　　　　长期借款——利息调整　　　　　　　　4 179

同时，摊销递延收益：

借：递延收益　　　　　　　　　　　　　　4 179

　　贷：在建工程　　　　　　　　　　　　　　4 179

在上述两种方法下，丙企业每月计入在建工程的利息支出是一致的，均为2 500元。不同的是，在方法一下，丙企业该笔银行贷款2×17年1月1日长期借款的账面价值为1 000 000元；在方法二下，丙企业该笔银行贷款2×17年1月1日长期借款的账面价值为890 554元，此外还有递延收益109 446元，各月需要按照实际利率法对递延收益进行摊销。

2. 财政将贴息资金直接拨付给企业

财政将贴息资金直接拨付给受益企业,企业先按照同类贷款市场利率向银行支付利息,财政部门定期与企业结算贴息。在这种方式下,由于企业先按照同类贷款市场利率向银行支付利息,所以实际收到的借款金额通常就是借款的公允价值,企业应当将对应的贴息冲减相关借款费用。

【例13】2×17年1月1日,丙企业向银行贷款100万元,期限2年,按月计息,按季度付息,到期一次还本。这笔贷款资金将被用于国家扶持产业,符合财政贴息的条件,财政将贴息资金直接拨付给丙企业。丙企业与银行签订的贷款合同约定的年利率为9%,丙企业按月计提利息,按季度向银行支付贷款利息,以付息凭证向财政申请贴息资金,财政按年与丙企业结算贴息资金,贴息后丙企业实际负担的年利息率为3%。丙企业的账务处理如下:

(1) 2×17年1月1日,丙企业取得银行贷款100万元:

借:银行存款　　　　　　　　　　　　1 000 000
　　贷:长期借款——本金　　　　　　　　　　1 000 000

(2) 2×17年1月31日起每月月末,丙企业按月计提利息,应向银行支付的利息金额为1 000 000×9%÷12=7 500(元),企业实际承担的利息支出为1 000 000×3%÷12=2 500(元),应收政府贴息为5 000元:

借:在建工程　　　　　　　　　　　　　7 500
　　贷:应付利息　　　　　　　　　　　　　　7 500
借:其他应收款　　　　　　　　　　　　5 000
　　贷:在建工程　　　　　　　　　　　　　　5 000

七、关于政府补助的列报

(一) 政府补助在利润表上的列示

企业应当在利润表中的"营业利润"项目之上单独列报"其他收益"项目,计入其他收益的政府补助在该项目中反映。冲减相关成本费用的政府补助,在相关成本费用项目中反映。与企业日常经营活动无关的政府补助,在利润表的营业外收支项目中反映。

(二) 政府补助在财务报表附注中的披露

因政府补助涉及递延收益、其他收益、营业外收入以及相关成本费用等多个报表项目,为了全面反映政府补助情况,企业应当在附注中单独披露政府补助的相关信息。本准则规定,企业应当在附注中单独披露与政府补助有关的下列信息:政府补助的种类、金额和列报项目;计入当期损益的政府补助金额;本期退回的政府补助金额及原因。其中,列报项目不仅包括总额法下计入其他收益、营业外收入、递延收益等项目,还包括净额法下冲减的资产和成本费用等项目。

八、关于新旧准则的衔接规定

本准则规定，2006年2月15日财政部印发的《财政部关于印发〈企业会计准则第1号——存货〉等38项具体准则的通知》（财会〔2006〕3号）中的《企业会计准则第16号——政府补助》同时废止。企业对2017年1月1日存在的政府补助采用未来适用法处理，对2017年1月1日至本准则施行日之间新增的政府补助根据本准则进行调整。财政部此前发布的有关政府补助会计处理规定与本准则不一致的，以本准则为准。

2017年1月1日存在的政府补助主要指当日仍存在尚未分摊计入损益的与政府补助有关的递延收益。因采用未来适用法，企业不需调整2016年12月31日有关科目的期末余额，在编制2017年年报时也不需调整可比期间的比较数据。2017年1月1日至本准则施行日之间新增的政府补助，主要指在这一期间内新取得的政府补助。企业对2017年1月1日存在的和2017年1月1日至本准则施行日之间新增的政府补助应当视同从2017年1月1日起按照本准则进行会计处理，以确保在2017年度对政府补助业务采用的会计处理方法保持一致。

【例14】丁企业于2017年1月1日存在尚未摊销的递延收益（与资产相关的政府补助）50万元，该项递延收益对应的固定资产原值是400万元。根据本准则的衔接规定，丁企业在本准则施行后有两种处理方法：一是继续采用总额法，在这种方法下无需调整固定资产原值和递延收益，但需要根据本准则对递延收益应当计入"其他收益"还是"营业外收入"进行判断，如果判断应当计入"其他收益"，则将2017年1月1日以来摊销的递延收益从"营业外收入"中转出计入"其他收益"。二是选择采用净额法，将递延收益在 2017 年 1 月 1 日的余额冲减相关固定资产原值（原值调整为 350 万元），并以调整后的固定资产账面价值为基础计提折旧，同时调整自 2017 年 1 月 1 日起因摊销该项递延收益而计入"营业外收入"的金额以及相关资产计提的折旧费用。需要强调的是，因采用未来适用法，企业不需调整 2016 年 12 月 31 日有关资产负债的期末余额，在编制 2017 年年报时也不需调整可比期间的比较数据。

附录一

企业会计准则第 16 号 ——政府补助

(2017 年 5 月 10 日　财会〔2017〕15 号)

第一章　总　　则

第一条　为了规范政府补助的确认、计量和列报,根据《企业会计准则——基本准则》,制定本准则。

第二条　本准则中的政府补助,是指企业从政府无偿取得货币性资产或非货币性资产。

第三条　政府补助具有下列特征:

(一)来源于政府的经济资源。对于企业收到的来源于其他方的补助,有确凿证据表明政府是补助的实际拨付者,其他方只起到代收代付作用的,该项补助也属于来源于政府的经济资源。

(二)无偿性。即企业取得来源于政府的经济资源,不需要向政府交付商品或服务等对价。

第四条　政府补助分为与资产相关的政府补助和与收益相关的政府补助。

与资产相关的政府补助,是指企业取得的、用于购建或以其他方式形成长期资产的政府补助。

与收益相关的政府补助，是指除与资产相关的政府补助之外的政府补助。

第五条 下列各项适用其他相关会计准则：

（一）企业从政府取得的经济资源，如果与企业销售商品或提供服务等活动密切相关，且是企业商品或服务的对价或者是对价的组成部分，适用《企业会计准则第 14 号——收入》等相关会计准则。

（二）所得税减免，适用《企业会计准则第 18 号——所得税》。

政府以投资者身份向企业投入资本，享有相应的所有者权益，不适用本准则。

第二章 确认和计量

第六条 政府补助同时满足下列条件的，才能予以确认：

（一）企业能够满足政府补助所附条件；

（二）企业能够收到政府补助。

第七条 政府补助为货币性资产的，应当按照收到或应收的金额计量。

政府补助为非货币性资产的，应当按照公允价值计量；公允价值不能可靠取得的，按照名义金额计量。

第八条 与资产相关的政府补助，应当冲减相关资产的账面价值或确认为递延收益。与资产相关的政府补助确认为递延收益的，应当在相关资产使用寿命内按照合理、系统的方法分期计入损益。按照名义金额计量的政府补助，直接计入当期损益。

相关资产在使用寿命结束前被出售、转让、报废或发生毁损的，应当将尚未分配的相关递延收益余额转入资产处置当期的损益。

第九条 与收益相关的政府补助，应当分情况按照以下规定进行会计处理：

（一）用于补偿企业以后期间的相关成本费用或损失的，确认为递延收益，并在确认相关成本费用或损失的期间，计入当期损益或冲减相关成本；

（二）用于补偿企业已发生的相关成本费用或损失的，直接计入当期损益或冲减相关成本。

第十条 对于同时包含与资产相关部分和与收益相关部分的政府补助，应当区分不同部分分别进行会计处理；难以区分的，应当整体归类为与收益相关的政府补助。

第十一条 与企业日常活动相关的政府补助，应当按照经济业务实质，计入其他收益或冲减相关成本费用。与企业日常活动无关的政府补助，应当计入营业外收支。

第十二条 企业取得政策性优惠贷款贴息的，应当区分财政将贴息资金拨付给贷款银行和财政将贴息资金直接拨付给企业两种情况，分别按照本准则第十三条和第十四条进行会计处理。

第十三条 财政将贴息资金拨付给贷款银行，由贷款银行以政策性优惠利率向企业提供贷款的，企业可以选择下列方法之一进行会计处理：

（一）以实际收到的借款金额作为借款的入账价值，按照借款本金和该政策性优惠利率计算相关借款费用。

（二）以借款的公允价值作为借款的入账价值并按照实际利率法计算借款费用，实际收到的金额与借款公允价值之间的差额确认为递延收益。递延收益在借款存续期内采用实际利率法摊销，冲减相关借款费用。

企业选择了上述两种方法之一后，应当一致地运用，不得随意变更。

第十四条 财政将贴息资金直接拨付给企业，企业应当将对应的贴息冲减相关借款费用。

第十五条　已确认的政府补助需要退回的,应当在需要退回的当期分情况按照以下规定进行会计处理:

(一)初始确认时冲减相关资产账面价值的,调整资产账面价值;

(二)存在相关递延收益的,冲减相关递延收益账面余额,超出部分计入当期损益;

(三)属于其他情况的,直接计入当期损益。

第三章　列　　报

第十六条　企业应当在利润表中的"营业利润"项目之上单独列报"其他收益"项目,计入其他收益的政府补助在该项目中反映。

第十七条　企业应当在附注中单独披露与政府补助有关的下列信息:

(一)政府补助的种类、金额和列报项目;

(二)计入当期损益的政府补助金额;

(三)本期退回的政府补助金额及原因。

第四章　衔 接 规 定

第十八条　企业对2017年1月1日存在的政府补助采用未来适用法处理,对2017年1月1日至本准则施行日之间新增的政府补助根据本准则进行调整。

第五章　附　　则

第十九条　本准则自2017年6月12日起施行。

第二十条 2006年2月15日财政部印发的《财政部关于印发〈企业会计准则第1号——存货〉等38项具体准则的通知》（财会〔2006〕3号）中的《企业会计准则第16号——政府补助》同时废止。

财政部此前发布的有关政府补助会计处理规定与本准则不一致的，以本准则为准。

附录二

《企业会计准则第 16 号——政府补助》修订说明

一、本准则的制定背景

2006 年,我部发布了《企业会计准则第 16 号——政府补助》(财会〔2006〕3 号,以下简称原准则)。原准则的实施对规范政府补助会计处理、提高会计信息质量,发挥了积极作用。但近年来,随着经济业务日益复杂,原准则及其应用指南在实施中存在的问题逐渐显现,我们陆续收到实务界提出修改完善原准则的意见和建议。这些问题主要包括:

一是企业从政府取得的经济资源并不一定都是政府补助,还有可能是政府对企业的资本性投入和政府购买服务所支付的对价,实务界迫切希望能够在政府补助准则中明确这三类经济资源的区分原则,真实反映其实质。

二是原准则总额法下所有政府补助均计入营业外收入,但实务中企业取得的一些政府补助与企业的日常活动密切相关,如成本费用补贴、超税负返还、研发活动补助等,有些补助还有国家税法支持且具有持续性的特点,将这些政府补助不加区分地都计入营业外收入,难以真实反映企业的经营情况和营业利润。

三是原准则要求采用总额法,而国际财务报告准则允许选择总额法或净额法。为了与国际财务报告准则进一步趋同,使我国企业与国际企业采用同一会计核算规则,可以引入净额法。

为切实解决我国企业相关会计实务问题,进一步规范我国政府补助业务的会计处理,我们结合我国实际情况,同时保持与国际财务报告准则的持续趋同,对原准则进行了修订,并于2017年5月发布了《企业会计准则第16号——政府补助》(财会〔2017〕15号,以下简称本准则)。

二、本准则的制定过程

本着服务经济发展大局、解决实务问题的原则,我们于2016年初着手启动了本准则的修订起草工作。在准则修订过程中,我们严格遵循我国会计准则制定程序,开展了扎实系统的前期研究,通过专题座谈会、实地调研、公开征求意见等方式充分听取各方意见和建议。2016年8月1日,我部印发了《企业会计准则第16号——政府补助(修订)》征求意见稿,向社会公开征求意见。社会各界对征求意见稿积极反馈意见,我们共收到反馈意见96份,这些反馈意见总体上对主要修订内容表示赞同。我们对所有反馈意见进行了认真、深入、系统地归纳整理和分析,并就修订的核心技术问题继续实地调研,多次听取实务界的意见,也与证监会等监管机构进行了充分沟通协调。在此基础上,我们对征求意见稿进行了修改完善,并根据我国会计准则制定程序依次形成准则草案、送审稿,经批准通过后正式发布。

本准则于2017年5月10日正式发布,自2017年6月12日起在所有执行企业会计准则的企业范围内施行。

三、关于本准则的主要变化

本准则发布后,2006年2月15日财政部印发的《财政部关于印发〈企业会计准则第 1 号——存货〉等 38 项具体准则的通知》(财会〔2006〕3 号)中的《企业会计准则第 16 号——政府补助》同时废止。根据调研和征求意见的情况，实务界普遍认为现阶段修订政府补助准则的目的是为了解决实务中的问题，应当保留仍然适用的原则，主要针对实务中急需解决的问题对原准则进行修订，并对实务中难以判断的问题给予更加详细的指导。基于这一诉求，本准则的主要修订内容如下：

一是要求企业根据政府补助的定义和特征对来源于政府的经济资源进行判断，明确区分政府补助、收入以及政府作为投资者对企业的资本性投入。

二是在保留总额法的基础上引入了净额法。同时，要求企业对与其日常活动相关的政府补助，按照经济业务实质，计入其他收益或冲减相关成本费用；对与其日常活动无关的政府补助，应当计入营业外收支。这一会计处理方法的变化有助于更好地反映政府补助的经济业务实质。

三是对政策性优惠贷款贴息的会计处理作了明确规定，区分财政将贴息资金拨付给贷款银行和财政将贴息资金直接拨付给企业两种情况进行会计处理。

本准则发布后，财政部此前发布的有关政府补助会计处理规定（相关应用指南、企业会计准则解释等）与本准则不一致的，以本准则为准。

四、关于本准则的适用范围

政府补助是来源于政府的经济资源，但并不是所有来源于政府的经济资源都属于本准则规范的政府补助。所以，企业需要根据政府补助的定义和特征对交易或者事项的经济实质进行判断。

（一）对无偿性的判断

无偿性是政府补助区别于政府的资本性投入和政府购买服务的特征。在判断一项补贴资金是属于政府补助还是政府购买服务时，有时还需要考虑与补贴相关的最终成果归谁所有。以研发补贴为例，如果根据有关协议、合同，与研发补贴相关的研发成果完全归企业所有，即企业可以占有、使用、收益、处置该成果，则该项交易属于政府无偿向企业提供资源以支持企业的研发活动，具备无偿性特征，补贴资金应当作为政府补助处理；如果根据有关协议、合同，该研发成果归政府所有，由政府决定研发成果的使用范围以及该成果如何处置等，这实际上是政府委托企业进行研发，属于政府购买服务，应当按照收入等准则的规定进行会计处理。

需要说明的是，政府补助通常附有一定条件，对政府补助资金或资产的使用范围、用途或使用时间等进行规定。按所附条件使用政府补助资金或资产并不等同于为此支付对价。政府补助附有一定条件与政府补助的无偿性并不矛盾，实务中企业需要根据具体情况具体分析。

（二）关于不涉及资产直接转移的经济支持

本准则中的政府补助，是指企业从政府无偿取得货币性资产或非货币性资产。总体原则是涉及资产直接转移的政府补助纳入本准则的范围，即企业从政府直接取得资产（包括货币性资产和非货币性资产）。例如，政府对企业的无偿拨款，先征后返（退）、即征即退等方式的税收返还，直接向企业拨付财政贴息，以及无偿给予非货币性资产等。其他不涉及资产直接转移的经济支持不属于本准则规范的政府补助。例如，直接减征、免征、增加计税抵扣额、抵免部分税额等方式的税收优惠，不适用政府补助准则。与所得税减免相关的，适用《企业会计准则第 18 号——所得税》。又如，一些地方政府为了招商引资或鼓励创业投资，将产业园区内的房产以低于公允价值的价格出租给企业。理论上这也属于政府对企业的无偿经济支持，但没有纳入本准则的范围，理由是：一方面这种支持不涉及资产的直接转移；另一方面，如果企业按照公允价值确认相关租赁成本、同时按照公允价值和实际租金的差额确认政府补助，这种做法对净利润的影响与企业按照实际租金确认相关租赁成本对净利润的影响基本一致，前一种做法还需要企业估计租金的公允价值。所以从简化实务的角度出发，通常情况下这种不涉及资产直接转移的政府补助不纳入本准则的范围。但也存在个别例外情况：一是企业取得政策性优惠贷款贴息、且财政将贴息资金拨付给贷款银行的情况，这同样属于政府对企业的经济支持，虽然不涉及对企业的资产直接转移，但国际财务报告准则中将其作为政府补助处理，为保持国际趋同，此项补贴纳入本准则范围。二是个别减免税款需要按照政府补助准则进行会计处理。例如，属于一般纳税人的加工型企业根据税法规定招用自主就业退役士兵，并按定额扣减增值税的，应当将减征的税额计入当期损益，借记"应交税金——应交增值税（减免税额）"科目，贷记"其他收益"科目。

（三）关于原准则适用范围中债务豁免的规定

《财政部关于进一步规范地方国库资金和财政专户资金管理的通知》（财库〔2014〕175 号）规定，"各级财政部门要严格按照批准的年度预算和用款计划拨款，对于年度预算执行中确需新增的支出项目，应按规定通过动支预备费或调整当年预算解决，不得对外借款。对于确需出借的临时急需款项，应严格限定借款对象、用途和期限。借款对象应限于纳入本级预算管理的一级预算单位（不含企业），不得对非预算单位及未纳入年度预算的项目借款和垫付财政资金,且应仅限于临时性资金周转或者为应对社会影响较大的突发事件的临时急需垫款。借款期限不得超过一年"。

根据上述规定,政府原则上不对企业借款,相应不存在政府对企业债务豁免的情况,故将原准则中准则适用范围的有关规定予以删除,即删除了"债务豁免,适用《企业会计准则第12号——债务重组》"。

五、关于政府补助的分类和会计处理方法

将政府补助划分为与资产相关的政府补助和与收益相关的政府补助,是因为两类政府补助给企业带来经济利益或者弥补相关成本费用的形式不同。与资产相关的政府补助与长期资产的取得有关,所以通常情况下受益期较长,与收益相关的政府补助主要是对期间费用或生产成本的补偿,受益期相对较短。因此,政府补助的分类主要关系到将政府补助计入损益的时间。

政府补助的会计处理包括总额法和净额法。总额法下政府补助计入收益,净额法下政府补助冲减相关成本费用或损失。因此,政府补助的会计处理方法主要关系到政府补助是计入收益还是冲减相关成本费用或损失,影响到政府补助会计处理计入的会计科目。不论是与资产相关的政府补助,还是与收益相关的政府补助,都可以按照经济业务实质,选择总额法或净额法。通常情况下,企业对同类或类似政府补助业务只能选用一种方法。企业在选择方法之前,首先需要对经济业务的类型进行判断。例如,增值税即征即退和对芳烃生产企业按实际耗用石脑油数量退还所含消费税都属于税收优惠,但前者退还的是增值税,由于增值税是价外税,且该税收返还并非对特定的成本费用进行补偿,因此对增值税即征即退业务采用总额法是合适的;后者退还的是生产环节消费税,这部分消费税是

生产成本的组成部分，因此，对该业务采用净额法能够更准确地反映企业的生产成本。企业在对各类政府补助业务选择好方法后，应当一贯地运用该方法，不得随意变更。

六、关于日常活动

本准则第十一条规定，与企业日常活动相关的政府补助，应当按照经济业务实质，计入其他收益或冲减相关成本费用。与企业日常活动无关的政府补助，应当计入营业外收支。这是对原准则应用指南的修订。根据原准则应用指南，政府补助最终都计入营业外收入。但实务界提出，企业取得的一些政府补助与企业的日常活动密切相关，有些补助还有国家税法支持且具有持续性的特点。所以修订后的本准则以是否与日常活动相关对政府补助进行了区分，与日常活动相关的政府补助影响营业利润，与日常活动无关的政府补助影响营业外收支，目的就是为了更加真实地反映企业的经营活动及其营业利润。

由于政府补助主要是对企业成本费用或损失的补偿，或是对企业某些行为的奖励，因此通常情况下，本准则中的日常活动有两项判断标准：一是政府补助补偿的成本费用是否属于营业利润之中的项目，如果属于，则该项政府补助与日常活动相关；二是该补助与日常销售等经营行为是否密切相关，例如，软件企业享受增值税即征即退的税收优惠，该税收优惠与企业销售商品的日常活动密切相关，则属于与日常活动相关的政府补助。与日常活动无关的政府补助，通常由企业常规经营之外的原因所产生，具备偶发性的特征，例如政府因企业受不可抗力的影响发生停工、停产损失而给予补助等，因此这类补助计入营业外收支。

七、关于与资产相关的政府补助

企业选择总额法对与资产相关的政府补助进行会计处理时，涉及到递延收益的摊销。原准则下，与资产相关的政府补助确认为递延收益，并在相关资产使用寿命内平均分配，计入当期损益（营业外收入）。在本准则下，企业采用总额法时，与资产相关的政府补助确认为递延收益后，应当在相关资产使用寿命内按合理、系统的方法分期计入损益。之所以不再要求所有递延收益都按照相关资产寿命平均分摊，是因为资产的折旧或摊销方法体现了资产的使用情况，与资产相关的政府补助在摊销时也应尽可能与资产的使用情况对应，即与相关资产折旧或摊销方法对应。例如，当企业选择加速折旧法计提固定资产折旧时，因与该资产相关的政府补助而确认的递延收益也可加速摊销。

八、关于政府补助的退回

本准则规定，只有当企业能够满足政府补助所附条件且能够收到政府补助时，才能确认政府补助。已确认的政府补助需要退回的，通常是因为政府补助相关政策发生变化或企业自身业务活动发生变化，导致企业不再满足政府补助所附条件。由于企业对政府补助业务可以选择不同方法、涉及不同会计科目，因此，如果发生退回业务，在需要退回政府补助的当期应当分情况进行会计处理。对于与收益相关的政府补助，存在递延收益账面余额的，应冲减与该项补助相关的尚未分配的递延收益账面余额，退回金额超过递延收益账面余额的部分，计入应退回补助当期的损益；不存在递延收益账面余额的，按照应退回的金额计入当期损益。对于与资产相关的政府补助，总额法下，应冲减相关递延收益的账面余额，超出部分计入当期损益；净额法下，由于在初始确认时将政府补助冲减了相关资产的账面价值，当发生政府补助退回时，应计算假定企业没有取得政府补助时累计需计提的折旧或摊销，将这部分补提的折旧或摊销计入应退回补助当期的损益，同时相应调整相关资产账面价值。

如果企业被认定为以骗补的方式取得补助，则属于前期差错，应当根据《企业会计准则第28号——会计政策、会计估计变更和差错更正》的规定，按照前期差错更正进行追溯调整。

九、关于政策性优惠贷款贴息

实务中，政策性优惠贷款贴息分为两种情况：一是贷款银行按照政策性优惠利率向企业发放贷款，企业按照优惠利率付息，财政将贴息资金拨付给贷款银行，以补偿贷款银行发放低息贷款所减少的利息收入；二是贷款银行按照市场利率向企业发放贷款，财政将贴息资金直接拨付给企业，以降低企业的融资成本。上述两种情况虽然方式不同，但实际效果是相同的，即贷款银行仍按市场利率取得利息收入，企业因为享受财政补贴降低了融资成本。

原准则下，第一种方式（财政将贴息资金拨付给贷款银行）不纳入准则适用范围，因为该方式不涉及资产从政府到企业的直接转移。此次修订将该类政策性优惠贷款贴息纳入本准则适用范围，主要考虑到政策性优惠贷款贴息业务确属政府对企业的无偿经济支持，而且国际财务报告准则对此类贴息业务专门进行了规定，为了保持国际趋同，本准则也作了相应规定。对于这种方式，在会计处理上企业有两种方法可供选择，一是以实际收到的借款金额作为借款的入账价值，按照借款本金和该政策性优惠利率计算相关借款费用；二是以借款的公允价值作为借款的入账价值并按照实际利率法计算借款费用，实际收到的金额与借款公允价值之间的差额确认为递延收益。递延收益在借款存续期内采用实际利率法摊销，冲减相关借款费用。方法一在实务操作上较为简单并便于理解，方法二采用的是国际财务报告准则的处理原则，两种方法下对企业借款费用的影响基本一致，所不同的是长期借款和递延收益在资产负债表日的金额。之所以提供两种方法供企业选择，是为了同时兼顾实务可操作性和国际趋同的需要。

需要说明的是，本准则要求对政策性优惠贷款贴息采用净额法，是为了与《基本建设财务规则》（中华人民共和国财政部第 81 号令）对财政贴息的规定在原则上保持一致，即归属经营性项目建设期间的财政贴息冲减项目建设成本。